SOULBOOK
Reflejándome en el Camino

**TRASCENDIENDO
DEL MIEDO AL AMOR:**

del luchar al fluir;
del competir al compartir;
del esfuerzo a la pasión;
del conflicto a la paz;
de victima (rio) a responsable;
del juicio a la compasión;
del pasado/futuro al presente (sin drama);
del morir al vivir;
del entender al comprender;
del razonar al sentir;
del sufrir al gozar;
de la dualidad a la unidad;
de controlar a confiar.

SOULBOOK
Reflejándome en el Camino

Copyright © 2014 SOULBOOK

© Reflejándome en el Camino

© Derechos Reservados por el Autor: Jorge Gama

Editor: Cecilia González Elizondo www.editext.com.mx

Todos los derechos de esta obra están reservados por el autor. Ninguna parte de esta publicación puede ser reproducida o transmitida en forma alguna, o por ningún medio, electrónico o mecánico, incluyendo fotocopiado, grabado o mediante ningún sistema de recuperación de datos electrónico o mecánico, sin el permiso por escrito del autor; excepto en el caso de un revisor que desee citar breves pasajes relacionados con un comentario para la inclusión en otro medio, siempre que se cite la fuente.

Fotografía portada: © Vadim Trunov http://500px.com/vadimtrunov/

 Ilustraciones interiores: Malú Colorín y Carlos Riojas

---

Para más información:
Jorge Gama
Calzada del Valle 357 pte. San Pedro Garza Garcia N.L. México CP.66220
www.jorgegama.mx
jorgegama@soulbook.mx
@soulbookmx

 JORGE GAMA EXPERIENCIADOR INSPIRACIONAL

Primera Edición: febrero 2014.

ISBN: 978-607-00-7610-7

Impreso en México

SOULBOOK

Reflejándome en el Camino

"Haz que tus pasos irradien luz y bienestar;
sabiendo que el mundo que percibes, es tu mismo reflejo"

JORGE GAMA
EXPERIENCIADOR INSPIRACIONAL

SOULBOOK
Reflejándome en el Camino

DEDICATORIA

Para todas las mujeres, quienes además de tener el privilegio de ser madres, tienen la gran responsabilidad de ser ejemplo de vida, como educadoras emocionales de sus hijos.

Son y serán quienes -de una forma u otra- podrán darle un giro a nuestra sociedad, con su crecimiento interior, como la gran herencia que legarán a las siguientes generaciones.

Ellas nos inspiran a todos -en especial a los hombres- a reconciliarnos con nuestra energía femenina, para dejar de lado nuestra lucha ancestral y armonizarnos en la paz interior del Amor.

SOULBOOK
Reflejándome en el Camino

AGRADECIMIENTOS

PAZ INTERIOR

Te buscaba sin querer encontrarte,
porque implicaba soltar "mis" apegos;

ahora que me he atrevido,

estoy más cerca que nunca de "mis" seres queridos.
Gracias por la experienciación de estos instantes de Paz,
que me revelan la esencia del Amor Incondicional.

A "mi" familia: Lucy, Juanita, Jorge Antonio, Luvy, Lorena, Alejandra, Jorge Eduardo, Ricardo, Alejandro, Ricky, Pato, Alonso, Grace, Ale, Mau.

A "mis" amigos y hermanos: Sergio, Artemio, Adriana, Paty, Carlos, Arturo, Chuy, Juan, Virgilio, Mauricio, Florencia, Michael, Maria, Esther, Rodrigo, José, Armando, Rodolfo, David y Adriana.

SOULBOOK
Reflejándome en el Camino

A "mis" guías: Jesús, Idalia Cantu, José Luis Garza, José Zaragoza, Jorge Villarreal, Gitanjali, Dolores García, Kenneth Wapnick, Sergio Maltos, Nick Arandes y Reyes Ollero.

A "mis" padrinos y patrocinadores: Jesús Franco y Verónica de la Rosa (TV AZTECA MTY, TV NUEVO LEÓN); Mina Colina (RADIO ALEGRÍA, MUJER 1310 AM); Andrés Bichara y Grimelda López (NRM, GENÉSIS 98.1 FM); Israel Reyero (MEXICANAL); Carolina Alvear, Francisco Suárez y José Antonio Fernandez (FEMSA); Sylvia Garza y David Ramírez (ITESM); Armando Lozano (LOS GENERALES BUFFET); Alfredo Parra (NOVOPIEL); Alicia Maqueo y Adriana Correa (ORGANIC MINERAL BEAUTY).

SOULBOOK
Reflejándome en el Camino

CONTENIDO

PRÓLOGO	**11**
Capítulo uno **MUERTE Y RENACIMIENTO**	**13**
Capítulo dos **GRACIAS POR DARME LA VIDA**	**23**
Capítulo tres **EL CAMINO DE LA EXPERIENCIACIÓN.**	**35**
Capítulo cuatro **EL MUNDO INTERIOR**	**41**
Capítulo cinco **DESPERTANDO AL BIEN COMÚN**	**61**
Capítulo seis **REFLEXIONANDO**	**77**
Capítulo siete **LA VIEJITA DE LA ALCANTARILLA**	**231**
Capitulo ocho **EJERCICIOS/ACTIVIDADES**	**239**
Capítulo nueve **LA PORTADA**	**253**
CONCLUSIONES	**259**
LIBROS QUE ME INSPIRARON Y TE RECOMIENDO	**261**
UN LLAMADO FINAL A LOS EMPRESARIOS	**263**

SOULBOOK
Reflejándome en el Camino

PRÓLOGO

Querido Jorge, siempre han sido los libros mis mejores amigos y tengo un profundo agradecimiento a los autores —como tú— que se muestran y en tu caso en camino, para tantos de nosotros que en la aventura de la vida, buscamos entendernos y entender a los demás.

Gracias por decirnos que esto que escribiste es lo que has comprendido hasta hoy; pues seguiremos caminando, descubriendo; que no pretendes sea algo absoluto, sino algo para compartir, pues cada uno de nosotros tenemos algo único con lo cual servimos al Universo.

Me encanta tu expresión: *experienciando* e *inspirando*; este compendio de cuentos y reflexiones de tu proceso, es otro espejo para mí y para muchas otras personas, con lo cuál encontrarnos y reconocernos. Aligera la jornada el sabernos acompañados.

Sigue escuchando tu alma, pues es allí donde encontramos el amor incondicional.

Con gratitud,

Sandra Zorrilla

SOULBOOK
Reflejándome en el Camino

CAPÍTULO UNO

MUERTE Y RENACIMIENTO

(2009-2013)

SOULBOOK
Reflejándome en el Camino

Estamos a inicios del año *2014* y recién se está publicando este compendio de experiencias, reflexiones y cuentos, que les presento, dentro de la saga de SOULBOOK. Este primer libro lo titulé REFLEJÁNDOME EN EL CAMINO.

Muchas de estas ideas fueron escritas años atrás, pero no fue sino hasta ahora, que me di el permiso de recopilarlas en un libro.

Soy Jorge Gama, tengo *50* años de edad, cumplidos el 3 de agosto y hasta hace cinco años no imaginaba estar cumpliendo mi sueño, de estar en radio y televisión compartiendo con ustedes mi pasión por el crecimiento interior; mucho menos estar publicando un libro.

Este anhelo de desarrollo personal surgió en mí, desde los *20* años de edad, cuando empecé a tomar conciencia de que las circunstancias (afuera de mí) podían cambiar, si yo cambiaba internamente.

Cuando tuve la "crisis de los *40´s*", llegué a pensar que esto, de presentarme en los Medios de Comunicación, era uno de esos sueños guajiros que me acompañarían toda la vida.

SOULBOOK
Reflejándome en el Camino

Un colapso en mi empresa —a finales del *2008*— me obligó a enfrentar muchos miedos que habían estado sepultados en el cajón de las frustraciones, anestesiado bajo la seducción del éxito material y el reconocimiento externo del que gozaba en aquellos años: me regodeaba en la soberbia del personaje que en ese momento interpretaba: *empresario exitoso conquistando el mundo*. No tenía la menor idea de la dolorosa metamorfosis que se aproximaba en los siguientes años *(2009-2013)*.

Ahora entiendo que cuando te pasa algo así, es porque la vida te está ofreciendo el gran regalo de reconectarte a lo que te apasiona y reencontrarte con tu verdadera misión. Sin duda, en ese entonces fue aterrador, porque me hundí en una confusión de emociones que me arrastraron a lo más profundo de mis miedos, al grado de haber considerado el suicidio. Sin embargo, cuando ya estuve en el fondo y dispuesto a cultivar la humildad, el mismo flujo de la vida me fue impulsando a la superficie nuevamente, con una visión renovada de la vida; así comprobé que una vez que atraviesas el miedo a soltar, que en mi caso fue perder todo lo material, es cuando te das permiso de desmantelar muchas ataduras mentales.

SOULBOOK
Reflejándome en el Camino

Fue, en ese proceso, que decidí presentar un proyecto a una televisora local para compartir reflexiones en un programa matutino; esta oportunidad me permitió foguearme por más de tres años en el medio televisivo; descubriendo también la maravillosa disciplina que implica crear reflexiones cada día, mismas que se volvieron mi alimento espiritual y que he compartido diariamente en el facebook, al que llamo "soulbook".

Este soulbook se convirtió en el reflejo de mi fortaleza interior, sin la cual, no sé que hubiera sido de mí cuando me arrastró el "tsunami emocional y material" que viví después del colapso de mi empresa.

Los tres minutos de estar diariamente al aire en televisión y el contacto con la gente a través de S<small>OULBOOK</small> me sensibilizaron al gran interés que tenemos muchas personas de alimentar nuestro espíritu, pero que muchos saboteamos, confundidos por la adicción a estímulos externos, desconectándonos de nuestro mundo interior.

En la misma sintonía, cuando fui invitado a reflexionar por primera vez en una cabina de radio, me quedé enamorado de este Medio y me di cuenta de que éste era ideal para "sincronizar" corazones.

SOULBOOK
Reflejándome en el Camino

Diseñé un proyecto y lo presenté a una radiodifusora, encontrándome con una gran apatía por parte de sus directivos; lo cual me hizo comprender aún más el obscuro mecanismo del miedo que nos tiene atrapados en la conciencia colectiva. Mismo que se ve reflejado en la calidad de contenidos que transmiten los Medios de Comunicación.

He tenido que "picar piedra" y hacer uso de toda mi creatividad para estar dentro y después de varios años de persistencia está rindiendo frutos. Es maravilloso cuando te fundes con tu pasión y ésta te lleva a abrir las puertas indicadas; tuve la oportunidad de foguearme durante cinco meses en Radio Alegría en una participación semanal, a través de una revista radiofónica que dirigía en aquel entonces Mina Colina, quién hizo una labor formidable en esa estación Mujer *1310* am. Aquí pude echar andar mi proyecto Si Yo Puedo Tu Puedes, a través de charlas con mujeres, a quienes invitaba a cabina para que nos compartieran sus testimonios de vida, desde la generosidad de su corazón, con el fin de inspirar a otras mujeres. El resultado fue inesperado, al grado de haber recibido durante esos cinco meses, siete correos de mujeres que reconsideraron su decisión de suicidarse, al hacer eco en sus corazones, los testimonios escuchados en el programa.

SOULBOOK
Reflejándome en el Camino

Teniendo como inspiración a dos grandes mujeres: mi madre, Lucila Araico y mi abuela, Juanita Flores, diseñé mi proyecto de radio y televisión enfocado a la Mujer: invitándolas a fortalecer su autoestima; porque las mujeres además de tener el privilegio de ser madres, tienen la gran responsabilidad de *ser ejemplo de vida* —como educadoras emocionales de sus hijos —.

Con todo esto, me queda muy claro que serán las mujeres, las que podrán darle un giro a esta sociedad, mediante su crecimiento interior, como la gran herencia que legarán a las siguientes generaciones, inspirándonos a los hombres a reconciliarnos con nuestra energía femenina para dejar de luchar y armonizarnos en la paz interior del amor.

Después gocé la aventura que me brindó Radio Fórmula durante un año, para continuar mí proyecto, mismo que también llegó a escuchar mucha gente de Centro y Sudamérica a través de mí sitio de internet www.sipuedo.mx.

A casi tres años de haber iniciado la página en Facebook: SI YO PUEDO TU PUEDES, ya se han acumulado más de *43* mil "me gusta",

SOULBOOK
Reflejándome en el Camino

que se han unido a esta sincronización de corazones. A través de esta página he compartido reflexiones de mi inspiración en una maravillosa disciplina diaria que me ha enriquecido muchísimo tanto por el trabajo de introspección, como por la generosa retroalimentación de tantos face-amigos.

La Estación Génesis 98.1 FM de Núcleo Radio Monterrey, en 2012 me brindó la oportunidad de compartir mi misión a través de sus radioescuchas en la sección Conciencia en Acción en donde estuve como invitado del programa de Alex López. Y fue en enero del 2013, cuando por fin tuve la oportunidad de contar con mi propio programa en F.M. a través de ésta estación, donde me acompañaron cinco maravillosas mujeres en las diferentes secciones: Mony Zavala, Marcela de La Cerda, Vanessa Villarreal, Elizabeth Liñán y Georgina Ramírez, a quienes les agradezco infinitamente toda su aportación en esta aventura.

En 2013 inicié mi segunda temporada de radio Si Yo Puedo Tu Puedes enfocado a la reflexión y despertar de la conciencia al bien común, gracias al patrocinio de Grupo Femsa y Plan de Inversión Educativa del Tecnológico de Monterrey a quienes estoy muy agradecido por la confianza brindada, y espero que se *sumen muchas más empresas a esta campaña de* Responsabilidad Social en los Medios de Comunicación

SOULBOOK
Reflejándome en el Camino

para apoyar el impulso de contenidos con valor en La Radio y La Televisión: *"porque los mexicanos merecemos programas que enaltezcan el espíritu"*.

Un mes después Tv Nuevo León me brinda la oportunidad de transmitir la versión para televisión de Si Yo Puedo Tu Puedes, con el mismo formato que tuvo la primera temporada del programa de radio: entrevistar en cada emisión, a una mujer que nos comparta su experiencia de vida, como inspiración para otras mujeres. Acabo de recibir la gran sorpresa que a partir de este mes, febrero 2014 se retransmitirá el programa en los Estados Unidos y sur de Canadá por Mexicanal, para todos nuestros paisanos y amigos.

* * *

Una investigación realizada entre personas que atienden moribundos, confirmó que estas últimas semanas de vida, son de mucha introspección, de un gran trabajo reflexivo para estas personas que están a punto de morir.

¿Esperaremos a estar moribundos para empezar a reflexionar y conectarnos con nuestro mundo interior?

* * *

SOULBOOK
Reflejándome en el Camino

La vida es una continua muerte y renacimiento; lo mejor es cuando este proceso lo empezamos a experimentar de una manera consciente, porque significa que ha despertado el Ser Interior.

Ahora le puedo dar gracias a la vida por haberme llevado por esta dolorosa metamorfosis, que me permite ahora desplegar las alas a una libertad emocional antes reprimida, bloqueada y negada, asfixiando el ser dentro del capullo del egoísmo y que —hoy por hoy— me permite disfrutar el gozo de expandir el espíritu de servicio al bien común.

De esta transmutación al amor, a través de este camino de experienciación, es que surge este nuevo personaje en mí: "experienciador inspiracional", bajo una continua observación interior.

Todo lo que te comparto en este compendio de experiencias, reflexiones, ejercicios y cuentos, forman parte de mi proceso y no significa que sea una realidad absoluta, sino al contrario, ha sido mi ejercitación en este desmantelamiento de paradigmas, que estoy seguro, seguirá evolucionando en mi y que te lo comparto desde el corazón, por si hace resonancia contigo en algún momento de tu camino.

Jorge

CAPÍTULO DOS
GRACIAS POR DARME LA VIDA

SOULBOOK
Reflejándome en el Camino

Los Helechos

Después de tres semanas de estar viajando por Europa, mi madre y yo llegamos al Valle del Loire, una zona donde los reyes de Francia acostumbraban veranear en sus castillos. Las opciones por visitar eran muchas, pero optamos por explorar tres castillos que se nos apetecían como los más interesantes. Este viaje, representaba para mí una gran aventura, ya que decidí realizarlo para compartir con mi madre, su primera experiencia en Europa.

Desde niño recuerdo escucharla hablar de su gran sueño de viajar al "viejo continente", y ahora —por fin— después de muchos años de trabajo, consagrada a sacar adelante a sus hijos, se estaba dando este gran regalo; y yo, su primogénito, no quería perderme el privilegio de ser parte de este festejo.

Mi madre —de fuerte temperamento— siempre nos ha dado el ejemplo de vencer los obstáculos que se nos presentan en el camino. Recuerdo la época en que ella, siendo propietaria de camiones de carga —entre los muchos

SOULBOOK
Reflejándome en el Camino

negocios que llegó a emprender— tuvo que enfrentar una crisis muy fuerte, que en ese entonces afectaba a toda la industria del autotransporte en nuestro país; con la presión que ella tenía de mantener a cuatro hijos — siendo yo todavía un adolescente— recuerdo muy bien las noches en vela que ella pasaba recostada en su cama con la luz de su lámpara encendida, tratando de resolver la situación de tener parado su patrimonio sobre ruedas.

Se estaba complicando mucho conseguir fletes para los tráileres que había logrado comprar con grandes sacrificios. Un día, nos sorprendió con la descabellada noticia de haber decidido desarmar los camiones para venderlos ¡en partes!

Ella nos compartió que su decisión la tomó confiando en que los transportistas, que sí tenían trabajo, darían mantenimiento a sus unidades, antes de pensar en cambiarlas por unas nuevas. Este es sólo uno de los tantos ejemplos, que esta mujer, aunque orgullosa de sus adquisiciones, mostraba un temple de acero al no dejarse vencer por sentimentalismos, que la llevarían a la quiebra.

Pues aquí estábamos, rumbo a Chambord, el castillo más grande y pomposo del Loire y por supuesto, yo disfrutando

SOULBOOK
Reflejándome en el Camino

cada una de las caras de sorpresa de esta mujer que tanto admiro. Para mí era la segunda visita a este imponente palacio, y definitivamente volví a maravillarme. Un palacio majestuoso, con anchas y ásperas paredes de piedra y grandes espacios vacios; su inteligente atractivo —en mi opinión— la doble escalera de caracol en el centro del edificio, de gran diámetro, cuya peculiaridad consiste en su original diseño arquitectónico que muchos adjudican a Leonardo da Vinci, dos escaleras que suben en espiral pero nunca se encuentran entre sí.

Después de disfrutar ampliamente esta belleza de piedra, nos dispusimos a tomar la carretera que nos llevaría a la siguiente elección: el Castillo Cheverny. Manejaba nervioso a gran velocidad, pues se nos había venido el tiempo encima y existía la posibilidad de llegar cuando ya estuviera cerrado el acceso al palacio.

De pronto —todavía en el camino— mi madre gritó: ¡helechos! una inmensa alfombra de gigantes helechos entre los pinos se vislumbró, bajo los reflejos del sol matizando sus hojas, ofrecían una espectacular vista ¡detente! ¡detente! exclamó mi madre; a lo cual yo repliqué: ¿no ves que llevamos el tiempo contado para

SOULBOOK
Reflejándome en el Camino

llegar al castillo?, a lo que contestó ella: bueno, vamos al castillo pero me vuelves a traer a ver los helechos. Yo asentí, concentrado en mi objetivo de llegar a ver este hermoso y cálido castillo, pequeño y elegante Cheverny; lo distinguen su completo y exquisito mobiliario conservado de origen, por los herederos de la familia que da nombre al palacio.

Salí extasiado de la visita y además relajado porque el siguiente destino, el Castillo de Blois no nos esperaba sino hasta el anochecer, pues nos presentarían un espectáculo de luz y sonido.

Iniciamos el camino al pequeño pueblo de Blois, pero la voz de mi madre no se dejó esperar recordándome la promesa hecha anteriormente. Entre refunfuños le contesté que era seguro que en este nuevo camino también podríamos ver los dichosos helechos, ya que más adelante se divisaba una zona boscosa. Para lo cual, ella me advirtió que si no aparecían los helechos me tendría que regresar. Ese retorno significaría casi una hora de camino adicional por lo que yo iba muy atento para encontrar los solicitados helechos, diciendo hacia mis adentros "no cabe la menor duda que esta señora ya esta chocheando". Para mi mala suerte no aparecían los mentados helechos, poniendo muy tenso el

SOULBOOK
Reflejándome en el Camino

ambiente, hasta que mi madre enojada replicó: ¡eres igual que tu padre! Yo me sorprendí ante tal aseveración, porque no era usual que ella me comparara con él; mucho menos considerando que yo no era todavía un adolescente cuando mis padres se divorciaron y dejamos de tener contacto con él.

Entonces mi madre enfadada me contó la anécdota de la noche que salieron a cenar, él tenía el antojo de comer tacos, mientras que ella quería comer hamburguesas. Como no se ponían de acuerdo, ella le propuso acompañarlo a cenar sus tacos, para después ir a las hamburguesas, a lo cual él accedió; pero cuando mi madre se dio cuenta ya iban de regreso a la casa, él satisfecho y ella con el estomago vacio.

Bueno, ya se imaginarán como me sentí. Me estaba dando una cachetada con guante blanco, por lo que inmediatamente frené el auto para retornar. En ese momento me dijo: ya olvídalo; a lo que le contesté muy serio: ¡ahora vamos!

Fue mágica la manera en que el ambiente tenso se fue transformando en una dulce melodía. La siguiente hora fue la más maravillosa de los momentos compartidos con mi madre durante el viaje. Ustedes se preguntarán ¿por qué?

SOULBOOK
Reflejándome en el Camino

porque cuando le pregunté a qué se debía su obsesión por los dichosos helechos, ella me respondió con una anécdota que yo desconocía. Me platicó como mi abuelo, cuando ella era todavía niña, le contaba historias sobre mosqueteros y caballeros de la Edad Media galopando por los bosques, a través de grandes y majestuosos helechos: fue mágico ver cómo su rostro se transformaba y sus ojos reflejaban dulzura y fragilidad. Era tanta su emoción que me contagió, por lo que al poco tiempo yo estaba ansioso por llegar a los codiciados helechos y poder ver su felicidad al concretar su sueño de perderse entre esas gigantes plantas.

Llegar a estos bosques fue la experiencia más hermosa —y al mismo tiempo— difícil de describir con palabras, ya que en casi cuatro décadas de mi vida, este era el primer momento que veía a mi madre derretir sus más profundas armaduras, transportándose a su mundo mágico de sueños, al verse rodeada por helechos. La vi convertirse en la romántica heroína de los libros que mi abuelo le regalaba; transformarse del imponente y rígido Chambord, al cálido y vulnerable Cheverny, entre sollozos de emoción, reviviendo los momentos más preciados de su pubertad.

SOULBOOK
Reflejándome en el Camino

¡Qué contraste con la mujer siempre práctica y de carácter férreo, que todos conocíamos! Hubo un momento que realmente sentí, que ella se encontró en el bosque —con este hombre que tanto adoraba— su padre.

En ese momento, le di las gracias a los helechos por haberse entrometido en nuestro camino. "Benditos helechos llenos de incalculable alegría" me dije y nos despedimos de ellos cargados de amor.

Después de esta vivencia, nuestro día fue coronado con un delicioso postre: la llegada al castillo de Blois, cruzando por un puente medieval que atraviesa el rio Loire. Blois, uno de los más encantadores pueblos que jamás haya conocido: allí se encontraba nuestra siguiente visita. Este castillo que al estar rodeado por esplendorosas edificaciones de uniforme arquitectura y color, visto a distancia, parecía ser solamente parte de una imponente fortaleza, cuando de cerca en realidad se trataba de un exquisito palacio que alberga parte de la gran historia de la Francia Medieval.

No pude evitar al final del día reflexionar en cómo mi madre, esta gran mujer, se asemeja a Blois, atractivamente determinante por fuera, pero encantadoramente romántica, cuando te permite cruzar por su puente medieval.

SOULBOOK
Reflejándome en el Camino

Ese mes en Europa fue fabuloso, pero la experiencia de los helechos fue un regalo divino. Le doy gracias a Dios por darme la oportunidad de tener estos intensos momentos, que me recuerdan que estoy vivo.

SOULBOOK
Reflejándome en el Camino

TEMAZCAL

Temazcal guiado por chaman maya, una experiencia que no se debe dejar de vivir aunque sea una vez.

CARTA A MI PADRE:
"Sé que estarás sorprendido por este acercamiento —porque te he buscado muy esporádicamente desde que te fuiste de la casa— pero te quiero compartir, que hoy volví a nacer; y en este renacer, encontré la respuesta a lo que con gran dolor en mi corazón, te cuestionaba: ¿por qué tengo tan vagos recuerdos de ti, en mi infancia?

Taladran en mi cabeza tus comentarios, sobre los bellos momentos que vivimos juntos, en esos once años; pero que desafortunadamente, yo no recuerdo.

Un intenso trabajo espiritual de varios días, culminando con un Temazcal, me ayudó a recordar; en el vientre de mi madre sentí rechazo de tu parte y desde entonces decidí hacer lo mismo. Ahora comprendo que yo te había abandonado, mucho antes de que tú te fueras de nuestras vidas.

SOULBOOK
Reflejándome en el Camino

En aquel entonces fue la percepción de un prenatal, pero al tener hoy la oportunidad de experienciar nuevamente el proceso de mi gestación; he sentido ese miedo —tu miedo— que supiste disfrazar muy bien; comportándote distante y evasivo con mi madre embarazada, cuando simplemente lo que te aterraba era la nueva experiencia de ser padre.

Hoy abrazo el dolor que ambos hemos vivido por tenernos, sin tenernos —con todo mi amor— quiero darte las gracias por haber estado allí para mí; conscientemente, hoy decido reconciliarme con la herencia que sembraste en mí".

SOULBOOK
Reflejándome en el Camino

CAPÍTULO TRES
EL CAMINO DE LA EXPERIENCIACIÓN

SOULBOOK
Reflejándome en el Camino

"Soy digno de que vivas en mí y la simple intención de permitírmelo, bastará para sanar mi alma".

o

"No soy digno de que vengas a mi, pero una palabra tuya bastará para sanar mi alma".

¿Cuál de las dos frases te ofrece una energía de liberación y cuál te subyuga?

Parte del despertar de la conciencia de los tiempos que estamos viviendo, es invitarnos a reconocer nuestra inocencia; esa inocencia que siempre hemos sido, pero que muchos siglos atrás se nos hizo creer que perdimos por la culpabilidad. ¿Por qué otra razón nos pudimos haber dejado de considerar dignos de Dios, sino fuera por el estigma de LA CULPA que supuestamente traíamos cargando?

¿No te parece que ha sido una efectiva mercadotecnia, para esclavizarnos como humanidad?

Lo maravilloso de todo esto, es que cada vez somos más las personas que estamos despertando a esta gran verdad, en

SOULBOOK
Reflejándome en el Camino

la que se empiezan a desmoronar estructuras de pensamientos llenas de creencias que nos limitaban.

La ilusión del combo: CULPABILIDAD-PECADO-CASTIGO, *pierde su atractivo sadomasoquista en el momento que un corazón se reconecta con su manantial de amor incondicional, reconociéndose infinitamente inocente.*

Aunque al leer esta verdad infinitamente inocente, nuestro corazón resuene con ella, es normal que parte de nosotros mismos se resista, a través de voces pesimistas que nos susurran "demasiado bueno para ser verdad"; sin embargo cabe aclarar que estas voces, no son más que el eco de nuestra misma adicción al drama, al cual hemos estado subyugados por muchos siglos. Si no lo crees, observa las telenovelas, no son más que un reflejo caricaturizado del drama en la conciencia colectiva.

Pero lo realmente importante es, que una parte de nosotros mismos ya no se la cree del todo e intuye que más que ser caos y carencia, somos una interconexión de energía de amor, sin reservas.

Y en lugar de reaccionar a los estímulos recibidos del medio ambiente, como era nuestra costumbre, estas verdades que se nos revelan se vuelven una inspiración para que muchos de nosotros nos demos el permiso, ya no de reaccionar, sino de res

SOULBOOK
Reflejándome en el Camino

ponder a través de una observación continua de nuestro sentir: lo que se podría definir como EXPERIENCIACIÓN.

Este nuevo verbo que estamos empezando a experimentar, nos da la oportunidad de retomar nuestras proyecciones, haciéndonos cien por ciento responsables de nuestras experiencias. Un ejemplo práctico de esta experienciación sería el típico caso de la relación de pareja que ha caído en un círculo vicioso de conflicto, en donde una de las dos personas involucradas, llega a sentir tal dolor, que escucha una voz interior que le dice que tiene que haber otra manera de vivir la vida sin tanto desgaste. Entonces en su toma de conciencia, esta persona empieza a dejar de reaccionar a los estímulos del supuesto atacante, para simplemente observarse internamente (*experienciar*).

En lugar de juzgar, atacar y responsabilizar al otro por el malestar sentido, esta persona empieza a darse permiso de verse reflejada en la otra parte, logrando identificar cómo las heridas que empieza a observar en el otro, no son más que un reflejo de sus propias heridas sin sanar, desde su infancia.

Descubriendo que son miedo al rechazo, al abandono, a la humillación, a la traición y a la injusticia, los que nos tienen

SOULBOOK
Reflejándome en el Camino

atados —a muchos de nosotros— a relaciones enfermizas, ya sea de pareja, familiares, amistades, de trabajo, con el dinero, con el sexo o con Dios; hasta que estamos dispuestos a experienciar eso que sentimos, sin reaccionar al entorno buscando responsables. El único responsable de lo que siento soy yo.

Y como decía Jesus "**la verdad os hará libres**", en el momento que se descubra el velo y dejamos de jugar este juego destructivo y nos permitimos dejar de reaccionar para responder, a través de un ejercicio de auto observación interior, empieza a darse un cambio en nuestra percepción de conciencia. Así nos reconectamos con el manantial de amor interno, cortando la autodestrucción y el auto sabotaje para elegir el amor a nosotros mismos.

Es aquí donde "nos cae el veinte" de la frase **soy digno de que vivas en mí y la simple intención de permitírmelo, bastará para sanar mi alma** y por cierto ¿a qué me refiero con el soy digno de que vivas en mí? precisamente a la paz interior, misma que todos buscamos fuera de nosotros y que sólo encontraremos en lo más profundo del Ser; y que se detonará partiendo de nuestra intencionalidad.

SOULBOOK
Reflejándome en el Camino

CAPÍTULO CUATRO
MUNDO INTERIOR

SOULBOOK
Reflejándome en el Camino

PADECEMOS DE ARMADURITIS CRÓNICA, ¡ES TAN PESADA!, PERO YA NOS ACOSTUMBRAMOS

Se le llama enfermedad crónica a aquella que es de larga duración, que es habitual; quiero invitarlos a que nos sensibilicemos sobre una enfermedad crónica emocional que estamos padeciendo todos. La ARMADURITIS CRÓNICA. ¿A qué me refiero con este padecimiento, uno de los más terribles de los tiempos modernos? me refiero a cómo nos hemos puesto una coraza para que nada, ni nadie, nos haga daño. No queremos sentir dolor; no queremos ser lastimados; no queremos sentirnos vulnerables.

Generalmente esto es un síntoma grave de que nos sentimos amenazados y por eso estamos a la defensiva con esta armadura; pero como ya lo hemos hecho por años, esto se ha vuelto crónico, habitual, normal.

Si yo traigo "una armadura", simbólicamente estoy cerrado; creo que nada malo puede entrar, pero tampoco nada bueno puede salir. Entonces el precio que estoy pagando es muy caro; porque este caparazón literalmente me hace de piedra.

SOULBOOK
Reflejándome en el Camino

Y para aquellas personas que dicen no traer armaduras, voy a mencionar algunos ejemplos prácticos:

La gente que dice esto:

—Yo estoy muy bien solo(a), para que me complico la existencia con pareja—.

— A papá tengo mucho de no verlo, mira mejor de lejitos pues nada más nos vemos y empiezan los pleitos—.

—Yo nada más con mi grupo de amigos, para qué andar saltando de grupo en grupo ¡luego no te hayas!—.

—Mira ya tengo muchos años en este trabajo, no me gusta, pero para qué me arriesgo, si ya me faltan unos añitos para jubilarme— .

—Mi mamá y yo somos como agua y aceite, así que ni para que le rasco—.

—Ya tengo mucho tiempo que no puedo dormir, si no tomo algo—.

—De algo me tendré que morir, así que para qué privarme de mis cigarritos, mis alcoholitos y mis taquitos grasosos—.

—Para qué me involucro, son puros problemas. Mejor nada más amigos con derechos y así no batallo—.

Así como estos, les puedo mencionar muchos más.

SOULBOOK
Reflejándome en el Camino

El problema es que vamos cerrando nuestro corazón y al ratito parecemos zombis; ya no sentimos nada. ¿Cuál sería la solución?

El cuerpo físico hace una depuración automática, no tenemos que hacer nada, tenemos un organismo maravilloso que hace una labor perfecta. Pero el cuerpo emocional, no puede hacer depuración, si no le damos permiso. Todos traemos **nudos emocionales** y estos se van acumulando en el cuerpo; lo peor es que si no ponemos atención, estos se traducen en enfermedades de todos tipos. ¿O que opinas de la epidemia de cáncer que estamos padeciendo en la actualidad?

Primero necesitamos poner atención a nuestro cuerpo emocional y luego fijar nuestra intención con amor para empezar a deshacer todos esos nudos. Que será doloroso, ¡si! pero no es nada comparado con el sufrimiento que hemos estado cargando con esta "armadura!".

SOULBOOK
Reflejándome en el Camino

Hay que tener mucho valor para "transpirar los valores por los poros"

Se habla mucho sobre una crisis de valores que estamos viviendo, y no es porque no los conozcamos, sino porque no hemos estado dispuestos a cultivarlos en el día a día. ¿A qué se deberá esto, si es con el ejemplo la única manera de realmente poder enseñárselos a nuestros hijos?

¿Crees que el vivir con valores, podría ser el mejor legado para que las nuevas generaciones experimenten un mundo mejor? si así lo crees, entonces "HAGAMOSLO BIEN", como dice la campaña sobre la cultura de legalidad que están promoviendo empresas, instituciones y asociaciones de los diferentes sectores en Nuevo León.

Hay mucha gente que piensa que vive con valores, porque respeta "los parámetros sociales", sin embargo esto puede llevarnos a vivir un autoengaño.

Una cosa es vivir en las apariencias de la sociedad y otra muy distinta es "transpirar los valores por los poros".

SOULBOOK
Reflejándome en el Camino

Hay gente que podrá tener cuestionamientos como el siguiente —¿pero si puedo aparentarlos y "quedar bien" en mi entorno, para qué sacrificar tantas "comodidades" que me brinda la vida actual?— o bien se justifican con frases tan lógicas como —la vida es para disfrutarla, ¿para qué cuestionarse tanto?— es en esto donde radica la trampa: en creer que sacrificamos o peor aún, confundir disfrutar con el evadir.

En los momentos de lucidez espiritual, en que recordamos que nuestra verdadera misión en la vida es reconectarnos con la paz interior: tomamos conciencia de que el verdadero sacrificio es todo lo que hacemos para mantenernos alejados de LA PAZ.

Nos hemos llenado de placeres, con los cuales evadimos enfrentar esas emociones dolorosas que venimos arrastrando desde nuestra infancia; cuando el camino más corto para retomar LA PAZ INTERIOR sería simplemente *estar dispuestos* a afrontar esas emociones, abrazarlas y perdonarlas; así de simple como se oye, no es fácil porque se requiere cultivar uno de los más poderosos valores: *la compasión a uno mismo, para sentir sin juzgarnos.*

SOULBOOK
Reflejándome en el Camino

Viéndolo desde esta perspectiva, aunque no nos importara un comino el mundo en que vivimos, nos conviene cultivar la compasión interior, para ir deshaciendo esos ataques de angustia y ansiedad que experimentamos continuamente (estrés, insomnio, depresión, compulsión, euforia, codependencia, entre otras cosas). Pero en nuestra gran soberbia, en lugar de darnos este amoroso regalo, que implica salir de nuestra zona de confort, *experienciando lo que sentimos sin reaccionar al entorno*, seguimos alimentando la adicción a tantos placeres inmediatos con los que nos anestesiamos (el síndrome de la pastilla mágica: "si no se me quita, se me olvida"), en la inconsciencia que el volcán emocional hará erupción tarde o temprano: con una crisis personal; perdida ya sea económica, de pareja, de salud; con un causal y no casual accidente, porque a nivel espiritual no existen los accidentes por casualidad o mala suerte (esto último será todo un tema por explorar en los próximos SOULBOOKS). Cada quien decide —pero con conciencia— ya no podemos continuar victimizándonos, lo cual será un gran primer paso.

SOULBOOK
Reflejándome en el Camino

Si no estamos dispuestos a confrontarnos internamente, aunque leamos muchos y maravillosos libros de crecimiento interior, tomemos los cursos más vanguardistas y vayamos a misa cada domingo, sería como querer romper una pared de cemento con un mazo de juguete.

No; necesitamos TALADRAR las emociones petrificadas que nos desconectan de la paz interior y esto sólo es posible con una determinación amorosa, para lo que será de gran ayuda el cultivar los VALORES desde las entrañas.

SOULBOOK
Reflejándome en el Camino

CREER EN MÍ, ASÍ DE SIMPLE

Simple no es sinónimo de fácil.

Necesitamos estar dispuestos a entrar al MUNDO INTERIOR. Vivimos tan ensimismados en la angustia y la ansiedad, buscando anestesiarnos en un mundo material, que hemos perdido **la sincronización con el fluyo de la VIDA.** Como ejemplo recuerdo aquél tsunami en Tailandia, en donde los animales —sincronizados con la naturaleza— empezaron a retirarse de la amenaza, horas antes del desastre.

¿Y LOS HUMANOS?

Entrar al mundo interior implica estar dispuesto a soltar el control ¿tengo el valor?

Controlo, porque no confío en el flujo de la vida ¿realmente creo saber más que la vida misma en su infinita sabiduría?

Creer en mí implica, estar dispuesto a soltar el control.
Estoy en un círculo vicioso en donde quiero controlar "mi mundo" para cumplir "mis expectativas", pero termino lleno de quejas y frustraciones porque las cosas no se dieron como lo esperaba. Pero es tanta mi necesidad de controlar, que he caído en un *ensimismamiento,* en donde toda relación se ha convertido en algo mercantil ¿para qué me sirves?

SOULBOOK
Reflejándome en el Camino

¿Qué puedo obtener de esta o aquella persona? No estamos muy conscientes de cómo las relaciones humanas las hemos estructurado dentro de un mundo mercantilista.

Lo importante es cuestionarme ¿esto me hace feliz realmente? Porque aunque me auto engañe, siempre me queda un vacio que me ocasiona mucha angustia y ansiedad. ¿Hasta cuándo? ¿Hasta que tenga el valor de salir de mi zona de confort o la vida en su infinita sabiduría se encargue de hacerlo por mí, a través de una crisis?

¿Estoy continuamente fabricando una FELICIDAD ARTIFICIAL en la que creo que la euforia y la adrenalina pueden realmente satisfacerme?.Por esta razón me he convertido en *insaciable*, nada me satisface por completo, porque estoy buscando en el lugar equivocado. Más lo compruebo en esos instantes de dicha, inmerso en entusiasmo y gozo que he experienciado con cosas tan sencillas como la meditación, la contemplación, la risa inocente de un bebe, entre otras cosas.

Lo que pasa es que después de que pasa la anestesia de esos instantes *"demasiado buenos para ser verdad"*, necesito volver a buscar más estímulos para sentir que "controlo" mi malestar interior y alejarme de nuevo del miedo y el sufrimiento; por lo que todo aquello que no puedo controlar lo escondo, lo oculto o lo evado.

SOULBOOK
Reflejándome en el Camino

Y eso siempre va relacionado con las EMOCIONES. Y la manera más efectiva que he encontrado para esconder, ocultar o evadir mis emociones es a través de las ADICCIONES.

Nos hemos hecho adictos a infinidad de estímulos que nos ofrece la vida moderna: comedor, comprador, fármaco-dependiente, maniaco/depresivo, quejumbroso, trabajador compulsivo, chismoso, ludópata, teleadicto, relaciones conflictivas, codependiente, alcohólico, fumador, drogadicto, entre otras.

¿Cómo romper este círculo de-mente? Necesito estar dispuesto a SOLTAR, a salir del círculo que me ha mantenido en el mundo exterior, para entrar al mundo interior; y para esto debo estar dispuesto a romper un gran paradigma: dejar de competir para empezar a compartir. Pero no sólo con los demás, sino también conmigo internamente.

ROMPER PARADIGMAS

SOULBOOK
Reflejándome en el Camino

Conforme me doy el regalo de sumergirme en el mundo interior fortalezco un equilibrio en mi vida, reduciendo el nivel de angustia y ansiedad sin necesidad de evadirme con toda esa gama de adicciones que mencioné anteriormente. Pero esto no se dará si no estoy dispuesto a atravesar lo que Michael Brown llamó "el pantano emocional". Remover todas esas emociones petrificadas añejas que vengo arrastrando desde mis primeros siete años de vida. Esto no significa tener que ir a revivir el pasado escarbando experiencias tormentosas, sino reconectarme con emociones autodestructivas que aunque son muy añejas siguen vigentes hoy, y con las que inconscientemente me sigo saboteando. ¿Qué hacer con ellas? Sentirlas.

EQUILIBRIO

angustia/ansiedad   entusiasmo / PAZ

SOULBOOK
Reflejándome en el Camino

Así que yo decido si quiero seguir en un círculo de-mente de angustia y ansiedad o doy el salto cuántico teniendo el valor de abrazar mis miedos para ir formando una espiral virtuosa de entusiasmo, gozo y PAZ INTERIOR.

Para ello necesito desmantelar el paradigma que me tragué: *el espíritu es débil*, cuando realmente EL ESPIRITU ES INQUEBRANTABLE, no existe tal cosa como "la debilidad de Espíritu".

Lo que existe es una conexión débil con el Espíritu, pero es cuestión de estar dispuesto a reconectarme. ¿Me siento merecedor?

¿Qué prefieres para tu vida?

Circulo Vicioso   Espiral Virtuosa

angustia y ansiedad   entusiasmo, gozo, Paz Interior

www.ingramcontent.com/pod-product-compliance
Lightning Source LLC
Chambersburg PA
CBHW060839190426
43197CB00040B/2714